UND? WAS SAGT DAS BRATENTHERMOMETER?
DER BRATEN HAT FIEBER!

Uli Stein

Kochen

VIEL SPASS!

Lappan

Das müssen Sie auch haben!

Schweizer Küchenmesser

Maxitoaster für die große Familie

Bei Copperfields zu Hause

Übrigens ...

... Rotwein kippt man nicht mit Schwung herunter! Im Gegenteil: Man führt das Glas behutsam zum Mund und nippt vorsichtig. Wie leicht kann einem sonst der Strohhalm ins Auge piken!

Wenn Sie mal irgendwelche Fragen zum Thema Kaviar haben, wenden Sie sich an die nächste Rogenberatungsstelle!

Wenn Krähen zu viel Kochsendungen sehen ...

Chefkoch Moritz rät ...

Heute:
Blumenkohl wird strahlend weiß, wenn Sie einen ordentlichen Löffel „Persil" ins Kochwasser geben.

Im nächsten Buch:
Was tun, wenn der Blumenkohl stark nach Seife schmeckt?

...IM ABGANG MIT FEINEN AROMEN VON KAFFEE, PFLAUMEN UND ZIMT UND CASSIS...
HABEN SIE AUCH WELCHEN, DER NACH WEIN SCHMECKT?

Schlechtes Omen beim Reisbraten.

NEIN, WIR ERNÄHREN UNS NICHT VEGETARISCH. WIR MÄSTEN NUR UNSER KANINCHEN...

WAS GIBT'S DENN HEUTE ABEND SCHÖNES ZU ESSEN?
MUSST DU GLEICH EINEN STREIT VOM ZAUN BRECHEN, KAUM DASS DU ZUHAUSE BIST?

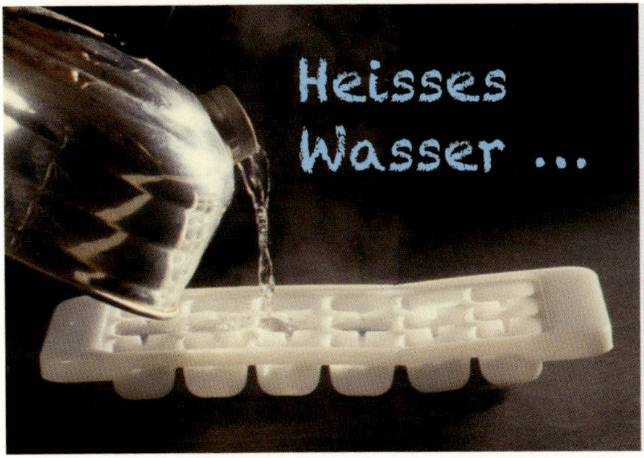

... verwendet man doch in der Küche bei jeder Gelegenheit! Die praktische Hausfrau friert es sich auf Vorrat ein. Bei Bedarf braucht es dann nur portionsweise entnommen und erhitzt zu werden. Einfacher gehts wirklich nicht.

Rezeptvorschlag von heute:

Paprikosenmarmelade

Keinen Fisch mehr? Nie mehr Fleisch? So möchte man auch nicht dahinvegetariern!

Der gute Tipp:
Das Abschmecken einer Suppe ist gar kein grosses Geheimnis, man muss allerdings schon über maggische Kräfte verfügen.

Aufback
Fettiggerichte

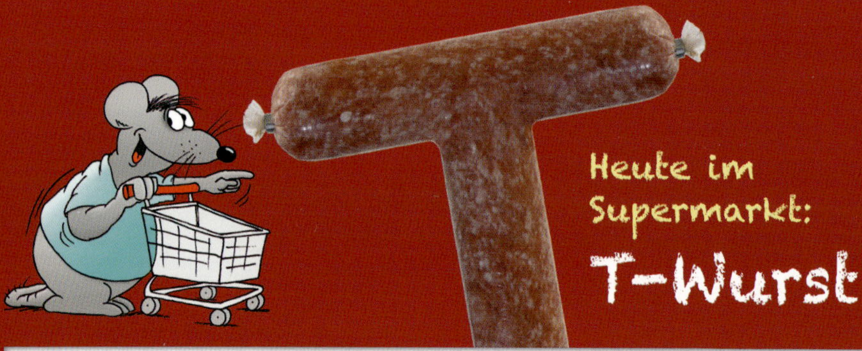

Kreative Küche bei Holzwürmern

Anchauvis
WHOW! GEILE BRAUT, DIE KUNDIN!
MEINST DU, SIE NIMMT UNS IN DEN MUND?
PIZZA
PIZZA

„Sie sind wohl nicht ganz richtig im Topf!"

(Entrüstete Lehrerin in einem Schmähbrief an die Koch-Hobbythek)

„Na, da haben Sie aber wieder mal Schwein gehabt!"

(Metzgermeister zur Klage einer Kundin über ihr fades, wässriges Fleisch)

„Es gibt viel zu tun? Backen wirs an!"

(Werbespruch einer Zwiebelburger Backpulverfirma)

WIESO IST DIE PIZZA DENN SO PLATTGEDRÜCKT?
MEINE SITZHEIZUNG IST KAPUTT!

ER KANN JA NICHT WEG SEIN!
ICH VERSTEH'S JA AUCH NICHT...

Große Erfindungen
(Folge 1326):
Das
Mampfrad

„Hummer ist der beste Koch“

(Alte Küchenregel)

Aus dem Ordner: Küche, Unterordner:

Trauriges Gemüse

Wer ist eigentlich…

… der Schutzpatron der Vegetarier?

a. Ist es Rübezahl?

b. Kornrat Adenauer?

c. Oder ist es Liza Vitaminelli?

Alle falsch! Es ist natürlich: Wenke Möhre!

ER HAT DEN KÜHLSCHRANKMAGNETEN GEFRESSEN!

Rührig, rührig!

Soßen, Suppen und anderes wollen ständig umgerührt werden, damit nichts klumpt oder gar ansetzt. Die moderne Hausfrau greift in solchen Fällen zum außenbordbetriebenen Schneebesen!

Einschalten, in den Topf setzen und unbeirrt zieht der Schneebesen seine Kreise, während die Hausfrau die Hände für andere Dinge frei hat.
Im Fachhandel.

„Na, würz bald?!“

(Koch zu seinem trödelnden Lehrling)

KOMMT ENDLICH ZU TISCH, KINDER – DAS ESSEN SCHNEIT EIN!

TÜR ZU!

Tipp für den Notfall:
Wenn einem der Wein ausgegangen ist, kann man sich für eine gewisse Zeit auch mit Bier über Wasser halten!

In Ferkels Erleichterung, das Rettungsboot erreicht zu haben, mischte sich irgendwie eine gewisse Beklommenheit …

ICH HAB'S JETZT: ES SIND GENAU 14!
SCHÄLEN, ERWIN! DU SOLLTEST SIE SCHÄLEN!

Für Hobbyköche

Ruccola wurde nicht von den Schweizern erfunden, Zaziki heisst in Japan nicht Suzuki der wilde Majoran nicht Oregami, und die Griechen bereiten auch keine Sirtakipilze zu.

Merken wir uns das mal?

Wenn Sie mit Ihren Kochkünsten mal richtig angeben wollen, sollten Sie auf Hummer sicher gehen!

Wussten Sie ...

... dass ein normales Lammgulasch nicht etwa ein Hammelsurium ist?

Gemüse,
das man auch
nicht gerne
totmacht ...

ICH HÄTTE AUCH NOCH EINEN ETWAS WENIGER KRÄFTIGEN...

FESTGESTELLT

... dass sich
ein Stück
alter Parmesan
hervorragend
als Türstopper
eignet ...

... ein Camembert
dagegen mit dieser
Aufgabe völlig
überfordert ist!

Die gute Idee:

*Bis in die letzte Ecke wird der Plätzchenteig gleichmäßig ausgerollt, wenn Sie **„Dr. Königs Winkelnudelholz"** benutzen!*

Aus Dänemark:
„Das Mørebrød"

Smarte Vegetarier

*Das soll ich glauben???
Ich lass mir doch von
Ihnen keine
Beeren aufbinden!*

Na ja: Die korrekte Übersetzung von „fast food" ist nicht „fast richtiges Essen", aber es ist ziemlich nah dran.

WIE, SIE KÖNNEN DAS NICHT? HAT MAN "TRANCHIEREN" NICHT GLEICH IM ERSTEN SEMESTER?

Einfach eine gute Idee!

Ein Topf für die Kartoffeln, ein Topf fürs Gulasch – der halbe Herd wurde bisher für eine kleine Mahlzeit in Gang gesetzt!
Die Hälfte ihrer Stromkosten können Sie jetzt mühelos sparen: mit ***„Dr. Eckhoffs Zwillings-Kochtöpfen"*** *– der bahnbrechenden Neuheit seit der Erfindung des winterfesten Schneebesens. Zwei Kochtöpfe auf einer einzigen Herdplatte – ein Energiespartraum wurde jetzt Wirklichkeit!*

Zartbesaitete Vegetarier

FESTGESTELLT

Hatten wir damals auch zu Hause, als ich Kind war und der Küchenherd morgens noch mit Holz angeheizt wurde: den bewährten, blechernen Messbecher.

Habe jetzt einen auf dem Flohmarkt entdeckt. Geht aber nicht viel rein – hatte ihn irgendwie grösser in Erinnerung …

DAS MITTELSTÜCK GIBTS SONNTAG!

FAMILIE - ICH HABE EUCH WAS ZU SAGEN: IN ZUKUNFT WERDEN WIR UNS GESUND ERNÄHREN!
DU WILLST NICHT MEHR KOCHEN???

Schmorgurken mussten bislang immer zerschnitten werden, weil sie in keinen Topf passten. Viel schöner ist es natürlich, wenn man sie in einem Stück zubereiten und servieren kann. Wie? Mit einem Gurkenschmortopf!

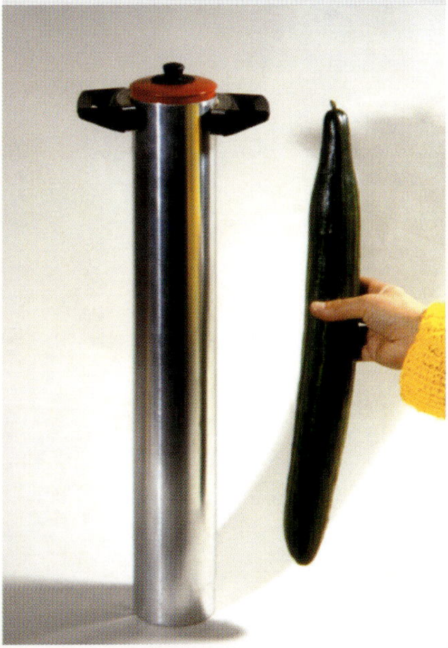

Die Augen tränen beim Zwiebelschneiden nicht, wenn Sie statt Zwiebeln eine junge Kohlrabiknolle nehmen.

HABEN SIE GESAGT WANN DIE DUNSTABZUGSHAUBE AUS DER REPARATUR KOMMT?
STEIN

Profi-Tipps:

1. ***Steak*** *wird besonders mürbe und zart, wenn Sie es auf dem Heimweg vom Fleischer auf den Reifen Ihres Mopeds binden.*

2. ***Knäckebrot*** *lässt sich problemlos, und ohne zu krümeln oder zu zerbrechen in kaloriengenaue Portionen zerteilen, wenn man es vorher für kurze Zeit in heißes Wasser taucht!*

3. *Schön gleichmäßig soll das* ***Wiener Schnitzel*** *paniert sein. Für einen perfekten Auftrag benutzt die erfahrene Köchin eine Panierraupe.*

Wenn sich
Gemüse
in Schale
schmeisst und
sich scheisse
dabei fühlt ...

„Pudding will
Weile haben!"

(Konservative Hausfrau zum Thema Instant-Pudding)

„Der Torten sind
genug gewechselt,
lass uns jetzt
endlich Braten
sehen."

(Klassisches Zitat)

„Brüh übt sich,
was ein Meister
werden will"

(Suppenkoch Izmir Tzatzik zu seinem Lehrling)

Wussten Sie schon, dass ein flambiertes Dessert im Volksmund Fackelpudding heisst?

„Ohne Reis kein Preis.“

(Chinesischer Kochwettbewerb)

Ziemlich selten:

Die Mettbrötchenkröte

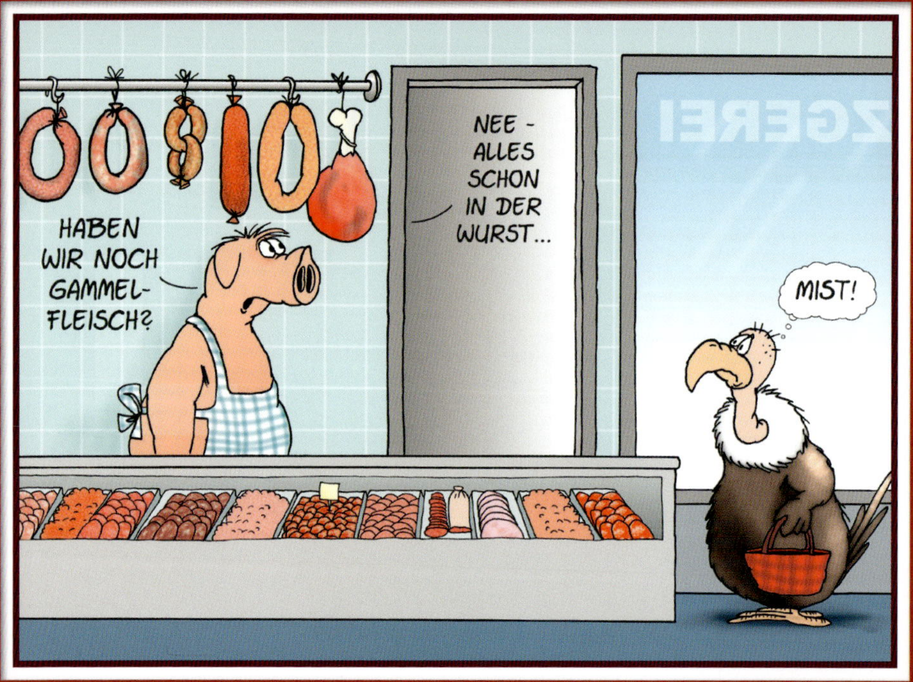
HABEN WIR NOCH GAMMEL-FLEISCH?
NEE - ALLES SCHON IN DER WURST...
MIST!

Auge in Auge …

… mit einer Gänsekeule

Der gute Tipp:
Tiefgefrorener Spinat knirscht nicht mehr zwischen den Zähnen, wenn Sie ihn vorher auftauen!

SALAT VON RAPUNZEL UND LÖWENZAHN, MAJESTÄT!
MEINEN VORSCHMECKER!

Wussten Sie schon, ...

... dass das Wort „Eintopf" zu den Suppstantiven, „knusprig" hingegen zu den Bratjektiven gezählt wird?

... dass sich junge Paare oft beim Teiganrühren näherkommen, dann den ersten Guss austauschen und anschließend eine Vermehlung bekanntgeben?

DU SOLLST NICHT MIT DEM ESSEN SPIELEN!

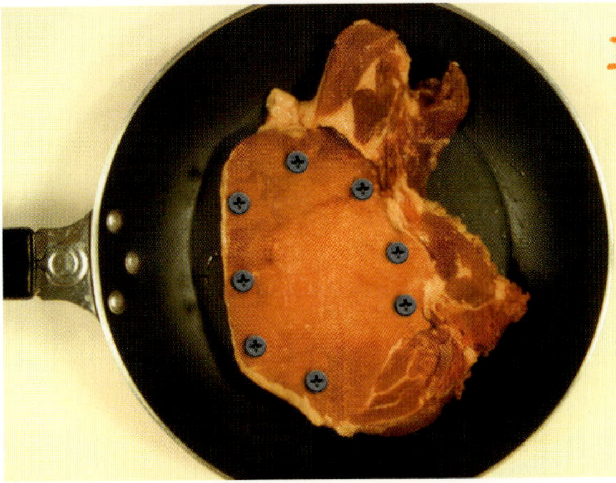

Immer daran denken:

Ihr Kotelett schrumpelt in der Pfanne nicht mehr zusammen, wenn Sie es vor dem Braten am Pfannenboden festschrauben!

Uli Stein, 1946 geboren, ist der erfolgreichste und bekannteste Cartoonist Deutschlands. Nach dem Abi studierte er Pädagogik, entschied sich aber kurz vor dem Staatsexamen gegen eine Beamtenlaufbahn und begann zu fotografieren und zu schreiben.
Seine Nonsens- und Satirentexte bescherten ihm eine eigene Sendung beim Saarländischen Rundfunk, bevor er eher nebenbei entdeckte, dass er die Pointen seiner komischen Einfälle mit dem Zeichenstift schneller auf den Punkt bringen konnte als mit vielen Worten. So entstanden seine ersten Cartoons, deren Figuren im Laufe der Jahre zu den unverwechselbaren Charakteren wurden, die heute Millionen Menschen kennen und lieben. Seine Cartoons erschienen zuerst in Zeitungen und Zeitschriften, danach in Büchern und auf zahlreichen Produkten. Allein im deutschsprachigen Raum sind mehr als elf Millionen Cartoonbücher von Uli Stein verkauft worden. Viele der Bücher, die nicht selten in den Bestsellerlisten zu finden sind, sind in andere Sprachen bis hin nach China und Korea übersetzt worden. Uli Stein lebt und arbeitet in der Nähe von Hannover.

Herstellung: Ulrike Boekhoff
www.lappan.de
Printed in Germany · ISBN 978-3-8303-4261-8

Postfach 101969 · D-30840 Langenhagen · Fax 05 11 / 7 26 16-47
www.catprint.de

Uli Stein im Internet: **www.ulistein.de**

Der Lappan Verlag GmbH ist ein Unternehmen der Verlagsgruppe Ueberreuter.

Uli Stein bei Lappan

Kinder

ISBN 978-3-8303-4268-7

Autofahren

ISBN 978-3-8303-4267-0

Garten

ISBN 978-3-8303-4260-1

Erwin und Martha

ISBN 978-3-8303-3267-1

Das schwarze Buch

ISBN 978-3-8303-3282-4

Tagebuch 2

ISBN 978-3-8303-3185-8

VIEL SPASS!